Johnny Town-Mouse
by Beatrix Potter
Counted Cross Stitch Pattern

Large Print, Easy to Read
Color Chart with Symbols

Pattern Features:

Extra Large Pattern for Easy Reading
Color Chart with Symbols
Color Chart
Color Grid Chart
Full List of DMC Floss Colors
Instruction Chart

Johnny Town-Mouse by Beatrix Potter

14 stitch/in 200 x 238 Stitches (14.3 x 17.0 in.)
18 stitch/in 200 x 238 Stitches (11.1 x 13.2 in.)
22 stitch/in 200 x 238 Stitches (9.1 x 10.8 in.)

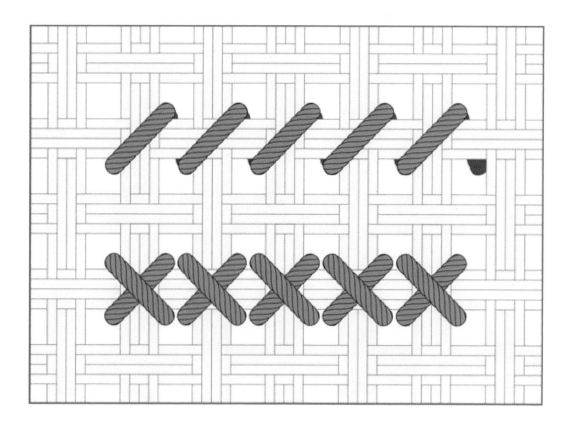

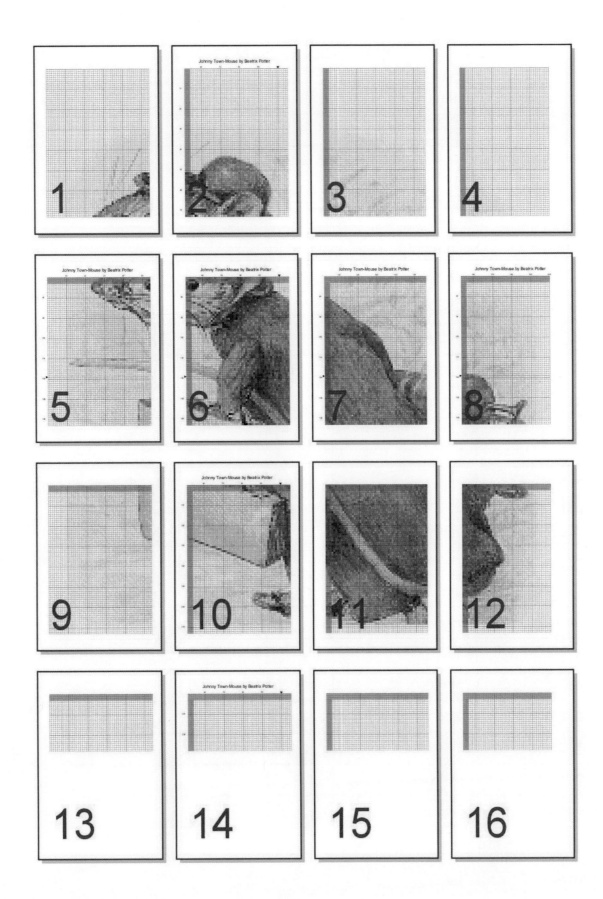

Johnny Town-Mouse by Beatrix Potter

	Number		Name	Stra nds	Leng th	Stitches	
▷	DMC	1	White Tin	2	0.06 yd.	3	
►	DMC	2	Tin	2	0.12 yd.	6	
⊙	DMC	3	Medium Tin	2	0.06 yd.	3	
	DMC	4	Dark Tin	2	-		
⍓	DMC	5	Light Driftwood	2	1.63 yd.	83	
M	DMC	6	Medium Light Driftwood	2	9.24 yd.	470	
⟨	DMC	7	Driftwood	2	4.84 yd.	246	
✚	DMC	8	Dark Driftwood	2	1.55 yd.	79	
⊟	DMC	9	Very Dark Cocoa	2	1.24 yd.	63	
▲	DMC	10	Very Light Tender Green	2	2.85 yd.	145	
⌐	DMC	11	Light Tender Green	2	2.05 yd.	104	
⬇	DMC	13	Medium Light Nile Green	2	0.02 yd.	1	
◣	DMC	14	Pale Apple Green	2	1.46 yd.	74	
◪	DMC	15	Apple Green	2	0.28 yd.	14	
⇐	DMC	16	Light Chartreuse	2	0.04 yd.	2	
♠	DMC	17	Light Yellow Plum	2	0.14 yd.	7	
▼	DMC	19	Medium Light Autumn Gold	2	2.54 yd.	129	
✦	DMC	20	Shrimp	2	1.93 yd.	98	
1	DMC	21	Light Alizarin	2	0.94 yd.	48	
▶	DMC	22	Alizarin	2	0.20 yd.	10	
✖	DMC	23	Apple Blossom	2	3.48 yd.	177	
⬆	DMC	24	White Lavender	2	0.31 yd.	16	
⋀	DMC	27	White Violet	2	3.17 yd.	161	

Johnny Town-Mouse by Beatrix Potter

◣	DMC	152	Shell Pink medium li	2	0.37 yd.		19	
⊠	DMC	154	Grape very dark	2	0.10 yd.		5	
⊠	DMC	163	Celadon Green medium	2	0.04 yd.		2	
⊠	DMC	164	Forest Green light	2	0.14 yd.		7	
⬇	DMC	167	Yellow Beige very dark	2	0.35 yd.		18	
▪	DMC	221	Shell Pink very dark	2	0.02 yd.		1	
▦	DMC	224	Shell Pink very light	2	0.39 yd.		20	
⚊	DMC	225	Shell Pink ultra ver	2	0.45 yd.		23	
✿	DMC	300	Mahogany very dark	2	0.08 yd.		4	
▼	DMC	301	Mahogany medium	2	0.10 yd.		5	
A	DMC	310	Black	2	0.16 yd.		8	
✥	DMC	315	Antique Mauve dark	2	0.04 yd.		2	
◧	DMC	320	Pistachio Green medium	2	0.49 yd.		25	
	DMC	355	Terra Cotta dark	2	-			
◤	DMC	356	Terra Cotta medium	2	0.28 yd.		14	
≈	DMC	367	Pistachio Green dark	2	0.08 yd.		4	
◁	DMC	368	Pistachio Green light	2	0.49 yd.		25	
◠	DMC	369	Pistachio Green very	2	0.61 yd.		31	
⅀	DMC	371	Mustard	2	0.12 yd.		6	
⊠	DMC	372	Mustard light	2	0.51 yd.		26	
▣	DMC	400	Mahogany dark	2	0.10 yd.		5	
?	DMC	402	Mahogany very light	2	0.14 yd.		7	
▼	DMC	407	Clay Brown (3773)	2	0.55 yd.		28	
5	DMC	420	Hazel Nut Brown dark	2	0.35 yd.		18	

Johnny Town-Mouse by Beatrix Potter

←	DMC	422	Hazel Nut Brown ligh	2	2.56 yd.		130
✜	DMC	433	Brown medium	2	0.28 yd.		14
♣	DMC	434	Brown light	2	0.33 yd.		17
♠	DMC	435	Brown very light	2	0.85 yd.		43
T	DMC	436	Tan	2	1.75 yd.		89
Q	DMC	437	Tan light	2	2.24 yd.		114
⇕	DMC	451	Shell Grey dark	2	0.16 yd.		8
↓	DMC	452	Shell Grey medium	2	4.03 yd.		205
◥	DMC	453	Shell Grey light	2	3.40 yd.		173
↯	DMC	501	Blue Green dark	2	0.06 yd.		3
⚘	DMC	503	Blue Green medium	2	0.04 yd.		2
▣	DMC	520	Fern Green dark	2	0.04 yd.		2
Ω	DMC	522	Fern Green	2	0.98 yd.		50
⁉	DMC	523	Fern Green light	2	0.57 yd.		29
✹	DMC	524	Fern Green very light	2	1.16 yd.		59
→	DMC	535	Ash Grey very light	2	0.16 yd.		8
✳	DMC	543	Beige Brown ultra	2	2.54 yd.		129
☖	DMC	610	Drab Brown dark	2	0.69 yd.		35
↗	DMC	611	Drab Brown	2	1.46 yd.		74
⊞	DMC	612	Drab Brown light	2	1.08 yd.		55
III	DMC	613	Drab Brown very light	2	1.28 yd.		65
S	DMC	632	Desert Sand ultra ve	2	0.63 yd.		32
↻	DMC	640	Beige Grey very dark	2	3.46 yd.		176
E	DMC	642	Beige Grey dark	2	5.39 yd.		274

Johnny Town-Mouse by Beatrix Potter

3	DMC	644	Beige Grey medium	2	3.56 yd.	181	
	DMC	645	Beaver Grey very dark	2	0.35 yd.	18	
	DMC	646	Beaver Grey dark	2	0.31 yd.	16	
	DMC	647	Beaver Grey medium	2	0.39 yd.	20	
	DMC	648	Beaver Grey light	2	0.33 yd.	17	
	DMC	676	Old Gold light	2	1.02 yd.	52	
	DMC	677	Old Gold very light	2	8.32 yd.	423	
	DMC	680	Old Gold dark	2	0.22 yd.	11	
	DMC	712	Cream	2	113.04 yd.	5748	
	DMC	729	Old Gold medium	2	0.75 yd.	38	
	DMC	734	Olive Green light	2	0.02 yd.	1	
	DMC	738	Tan very light	2	2.46 yd.	125	
O	DMC	739	Tan ultra very light	2	6.02 yd.	306	
	DMC	745	Yellow light pale	2	0.37 yd.	19	
	DMC	746	Off White	2	1.30 yd.	66	
P	DMC	758	Terra Cotta very light	2	0.69 yd.	35	
	DMC	778	Antique Mauve very lt	2	0.20 yd.	10	
	DMC	779	Cocoa dark	2	0.98 yd.	50	
U	DMC	780	Topaz ultra very dark	2	0.31 yd.	16	
	DMC	782	Topaz dark (781)	2	0.10 yd.	5	
	DMC	783	Topaz medium	2	0.18 yd.	9	
	DMC	801	Coffee Brown dark	2	0.24 yd.	12	
	DMC	819	Baby Pink light	2	0.20 yd.	10	
	DMC	822	Beige Grey light	2	12.43 yd.	632	

Johnny Town-Mouse by Beatrix Potter

≝	DMC	829	Golden Olive very dark	2	0.04 yd.	2	
☺	DMC	830	Golden Olive dark	2	0.06 yd.	3	
§	DMC	831	Golden Olive medium	2	0.02 yd.	1	
▶	DMC	833	Golden Olive light	2	0.12 yd.	6	
v	DMC	834	Golden Olive very light	2	0.33 yd.	17	
★	DMC	838	Beige Brown very dark	2	0.75 yd.	38	
◙	DMC	839	Beige Brown dark	2	1.97 yd.	100	
▣	DMC	840	Beige Brown medium	2	10.36 yd.	527	
▨	DMC	841	Beige Brown light	2	15.48 yd.	787	
▩	DMC	842	Beige Brown very light	2	13.65 yd.	694	
◘	DMC	844	Beaver Grey ultra dark	2	0.24 yd.	12	
▶	DMC	869	Hazel Nut Brown very	2	0.20 yd.	10	
☙	DMC	890	Pistachio Green ultra	2	0.02 yd.	1	
Ⅲ	DMC	895	Hunter Green very dark	2	0.02 yd.	1	
⌂	DMC	898	Coffee Brown very dark	2	0.24 yd.	12	
♡	DMC	918	Red Copper dark	2	0.10 yd.	5	
⚇	DMC	919	Red Copper	2	0.08 yd.	4	
♠	DMC	920	Copper medium	2	0.12 yd.	6	
⊠	DMC	921	Copper	2	0.18 yd.	9	
⊻	DMC	922	Copper light	2	0.18 yd.	9	
▤	DMC	928	Grey Green very light	2	0.04 yd.	2	
▧	DMC	934	Black Avocado Green	2	0.18 yd.	9	
◈	DMC	935	Avocado Green dark	2	0.10 yd.	5	
▣	DMC	938	Coffee Brown ultra dk	2	1.30 yd.	66	

Johnny Town-Mouse by Beatrix Potter

▦	DMC	939	Navy Blue very dark	2	0.20 yd.	10	
88	DMC	945	Tawny medium	2	0.28 yd.	14	
◈	DMC	948	Peach very light	2	0.55 yd.	28	
N	DMC	950	Desert Sand light	2	2.22 yd.	113	
I	DMC	951	Tawny light	2	4.41 yd.	224	
╫	DMC	966	Baby Green medium	2	0.14 yd.	7	
◮	DMC	975	Golden Brown dark	2	0.12 yd.	6	
◊	DMC	976	Golden Brown medium	2	0.61 yd.	31	
◉	DMC	977	Golden Brown light	2	0.31 yd.	16	
▢	DMC	987	Forest Green dark	2	0.06 yd.	3	
▣	DMC	988	Forest Green medium	2	0.16 yd.	8	
▥	DMC	989	Forest Green	2	0.31 yd.	16	
▤	DMC	3011	Khaki Green dark	2	0.06 yd.	3	
◉	DMC	3012	Khaki Green medium	2	0.08 yd.	4	
⋈	DMC	3013	Khaki Green light	2	0.08 yd.	4	
◈	DMC	3021	Brown Grey very dark	2	0.77 yd.	39	
▨	DMC	3022	Brown Grey medium	2	0.10 yd.	5	
◥	DMC	3023	Brown Grey light	2	3.24 yd.	165	
⚓	DMC	3024	Brown Grey very ligh	2	1.04 yd.	53	
◣	DMC	3031	Mocha Brown very dark	2	0.49 yd.	25	
J	DMC	3032	Mocha Brown medium	2	12.21 yd.	621	
R	DMC	3033	Mocha Brown very lig	2	2.91 yd.	148	
⧖	DMC	3041	Antique Violet mediu	2	0.08 yd.	4	
✳	DMC	3045	Yellow Beige dark	2	0.79 yd.	40	

Johnny Town-Mouse by Beatrix Potter

♠	DMC	3046	Yellow Beige medium	2	0.89 yd.	45	
⚞	DMC	3047	Yellow Beige light	2	1.40 yd.	71	
⬚	DMC	3051	Green Grey dark	2	0.10 yd.	5	
⚡	DMC	3052	Green Grey medium	2	0.49 yd.	25	
⊟	DMC	3053	Green Grey	2	0.77 yd.	39	
⬛	DMC	3064	Desert Sand	2	1.26 yd.	64	
⅄	DMC	3072	Beaver Grey very light	2	0.02 yd.	1	
⚐	DMC	3078	Golden Yellow very lt	2	0.87 yd.	44	
✿	DMC	3345	Hunter Green dark	2	0.02 yd.	1	
☺	DMC	3346	Hunter Green	2	0.02 yd.	1	
▦	DMC	3347	Yellow Green medium	2	0.06 yd.	3	
☎	DMC	3362	Pine Green dark	2	0.04 yd.	2	
e	DMC	3363	Pine Green medium	2	1.02 yd.	52	
▥	DMC	3364	Pine Green	2	0.31 yd.	16	
⬆	DMC	3371	Black Brown	2	1.55 yd.	79	
◪	DMC	3740	Antique Violet dark	2	0.41 yd.	21	
📶	DMC	3743	Antique Violet very	2	0.08 yd.	4	
◣	DMC	3756	Baby Blue ultra	2	9.20 yd.	468	
♦	DMC	3770	Tawny very light	2	0.51 yd.	26	
◉	DMC	3771	Terra Cotta ultra	2	0.37 yd.	19	
◩	DMC	3772	Desert Sand very dark	2	0.71 yd.	36	
✳	DMC	3774	Desert Sand very light	2	0.83 yd.	42	
W	DMC	3776	Mahogany light	2	0.87 yd.	44	
	DMC	3777	Terra Cotta very dark	2	-		

Johnny Town-Mouse by Beatrix Potter

⌶	DMC	3778	Terra Cotta light	2	0.37 yd.	19	
2	DMC	3779	Terra Cotta ultra	2	0.14 yd.	7	
◱	DMC	3781	Mocha Brown dark	2	0.63 yd.	32	
K	DMC	3782	Mocha Brown light	2	24.48 yd.	1245	
◩	DMC	3787	Brown Grey dark	2	1.24 yd.	63	
I	DMC	3790	Beige Grey ultra dark	2	5.07 yd.	258	
◖	DMC	3799	Pewter Grey very dark	2	0.20 yd.	10	
✤	DMC	3802	Antique Mauve very dk	2	0.02 yd.	1	
Ω	DMC	3822	Straw light	2	0.02 yd.	1	
a	DMC	3823	Yellow ultra pale	2	3.60 yd.	183	
◣	DMC	3826	Golden Brown	2	0.24 yd.	12	
◪	DMC	3827	Golden Brown pale	2	1.16 yd.	59	
■	DMC	3828	Hazel Nut Brown	2	0.89 yd.	45	
◢	DMC	3829	Old Gold very dark	2	0.12 yd.	6	
▦	DMC	3830	Terra Cotta	2	0.14 yd.	7	
✖	DMC	3852	Straw very dark	2	0.04 yd.	2	
≡	DMC	3853	Autumn Gold dark	2	0.14 yd.	7	
◈	DMC	3854	Autumn Gold medium	2	0.08 yd.	4	
▣	DMC	3855	Autumn Gold light	2	0.55 yd.	28	
♠	DMC	3856	Mahogany ultra very	2	0.37 yd.	19	
4	DMC	3857	Rosewood dark	2	0.16 yd.	8	
✸	DMC	3858	Rosewood medium	2	0.18 yd.	9	
◩	DMC	3859	Rosewood light	2	0.37 yd.	19	
D	DMC	3860	Cocoa	2	5.35 yd.	272	

Johnny Town-Mouse by Beatrix Potter

Symbol	Brand	Code	Color	Strands	Length		Count	Swatch
F	DMC	3861	Cocoa light	2	9.64 yd.		490	
◨	DMC	3862	Mocha Beige dark	2	1.69 yd.		86	
H	DMC	3863	Mocha Beige medium	2	8.20 yd.		417	
O	DMC	3864	Mocha Beige light	2	7.79 yd.		396	
⋈	DMC	3865	Winter White	2	165.16 yd.		8398	
⬠	DMC	3866	Mocha Brown ultra	2	2.16 yd.		110	
◁	DMC	ECRU	Ecru	2	21.57 yd.		1097	
◐	DMC	B5200	Snow White	2	1.26 yd.		64	
B	DMC	BLANC	White	2	341.35 yd.		17357	

Johnny Town-Mouse by Beatrix Potter

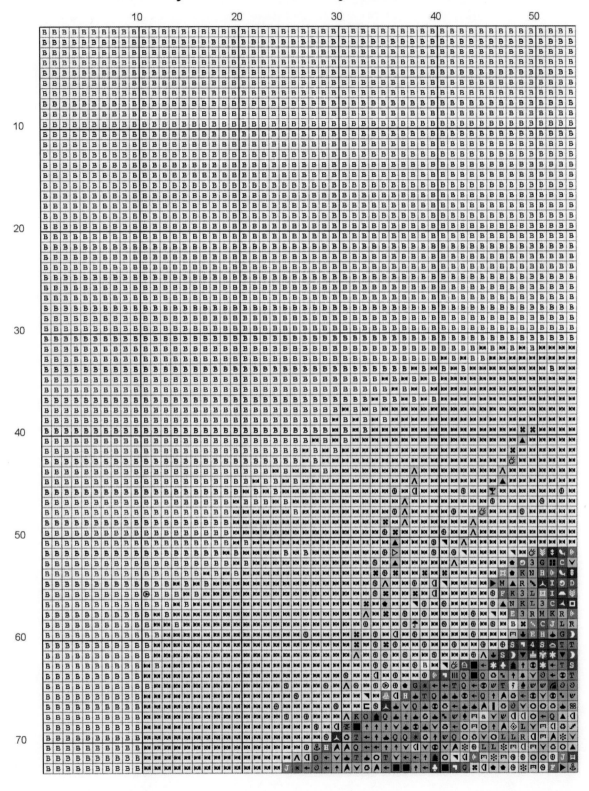

Johnny Town-Mouse by Beatrix Potter

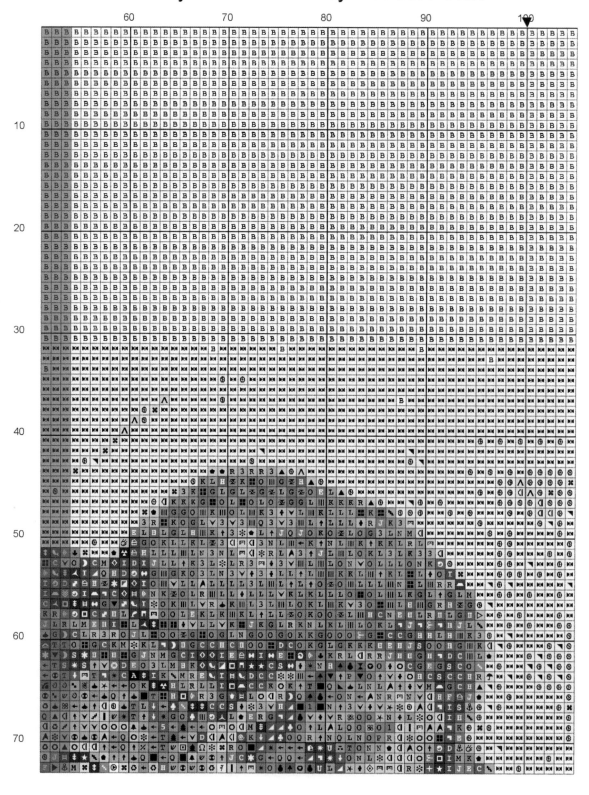

Johnny Town-Mouse by Beatrix Potter

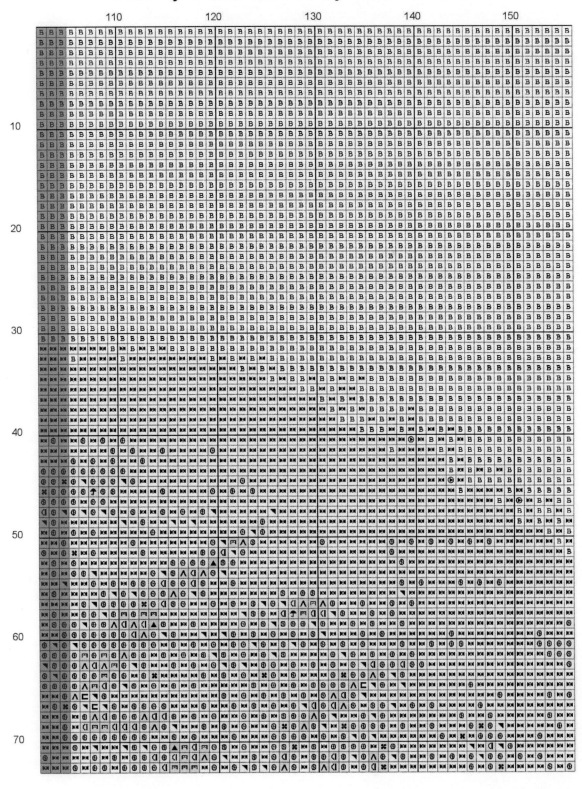

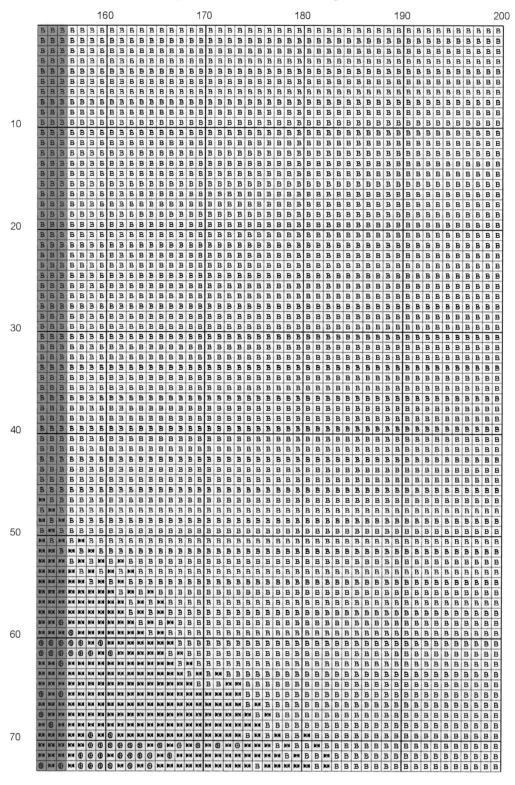

Johnny Town-Mouse by Beatrix Potter

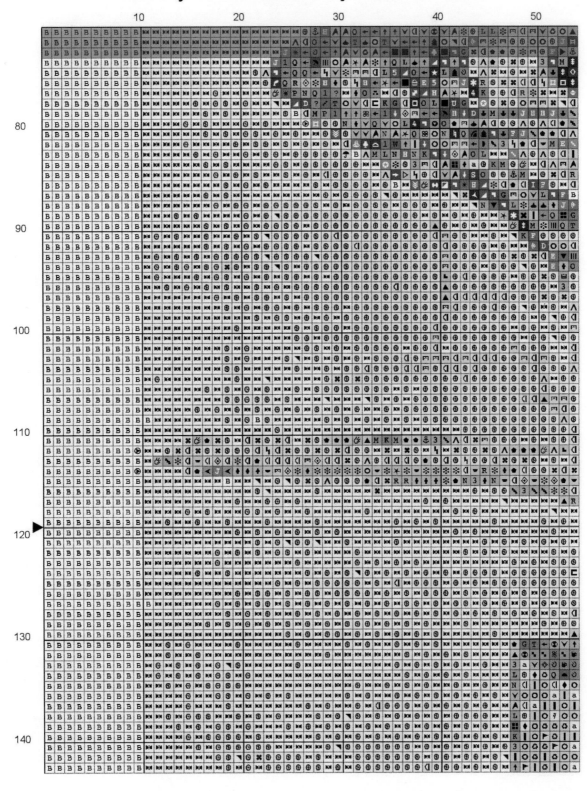

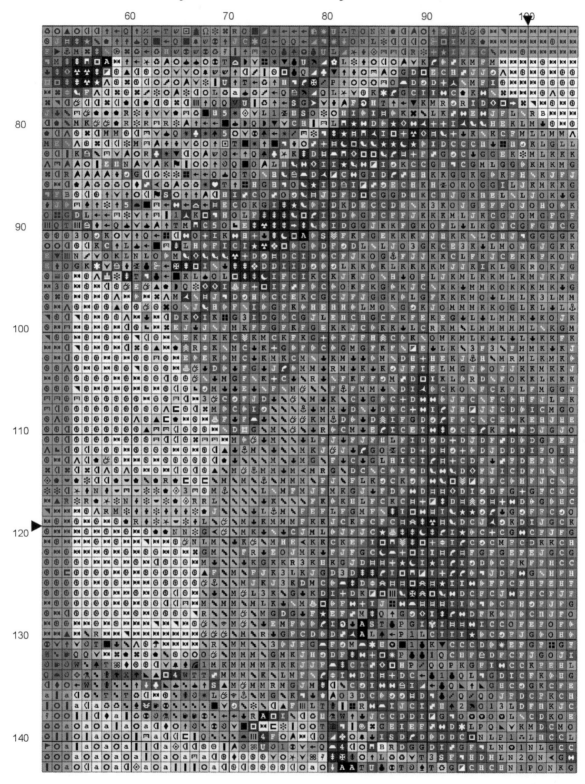

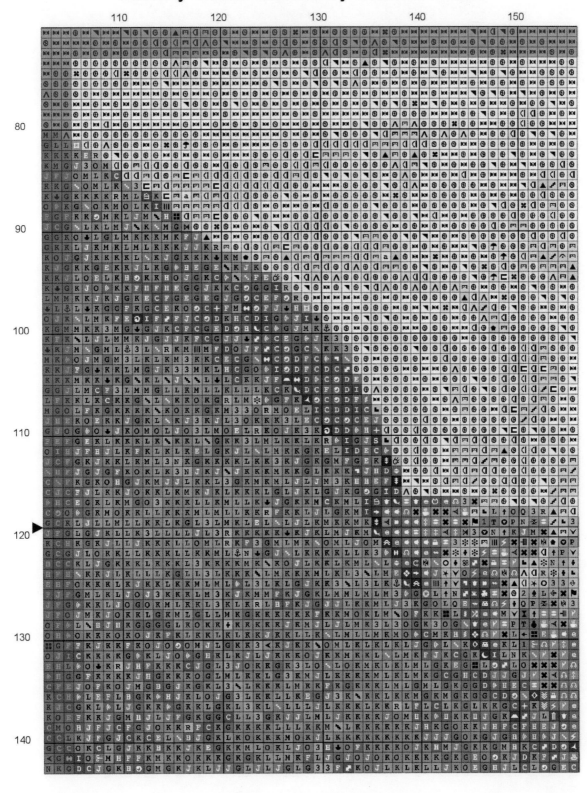

Johnny Town-Mouse by Beatrix Potter

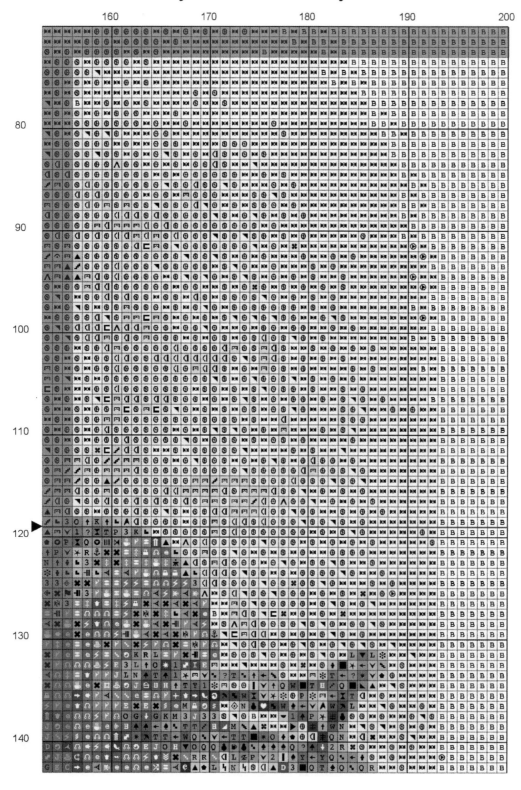

Johnny Town-Mouse by Beatrix Potter

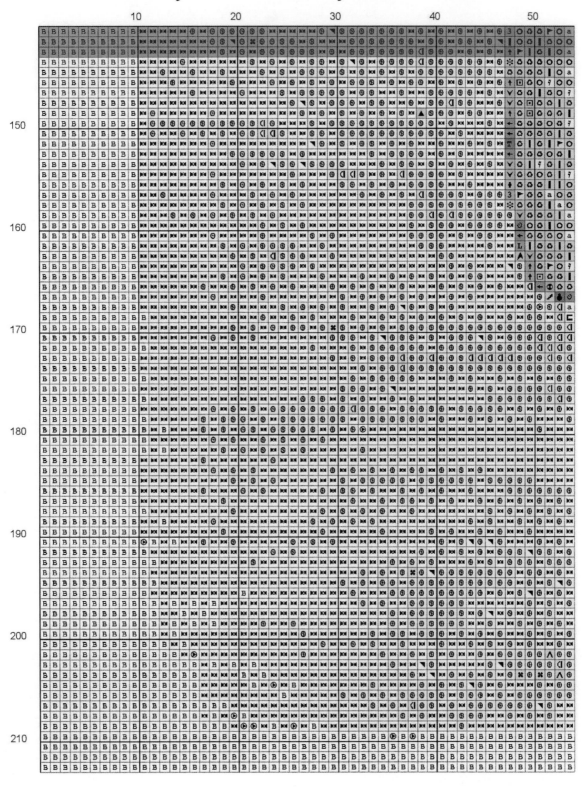

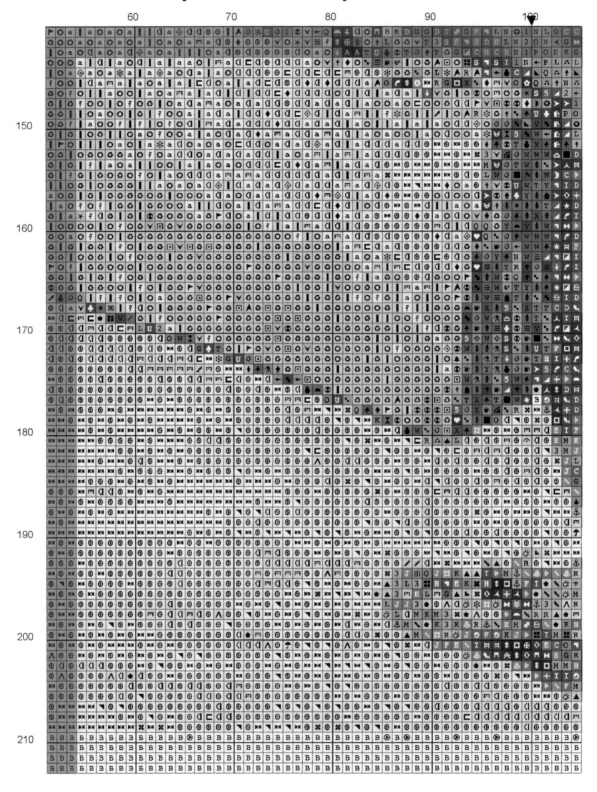

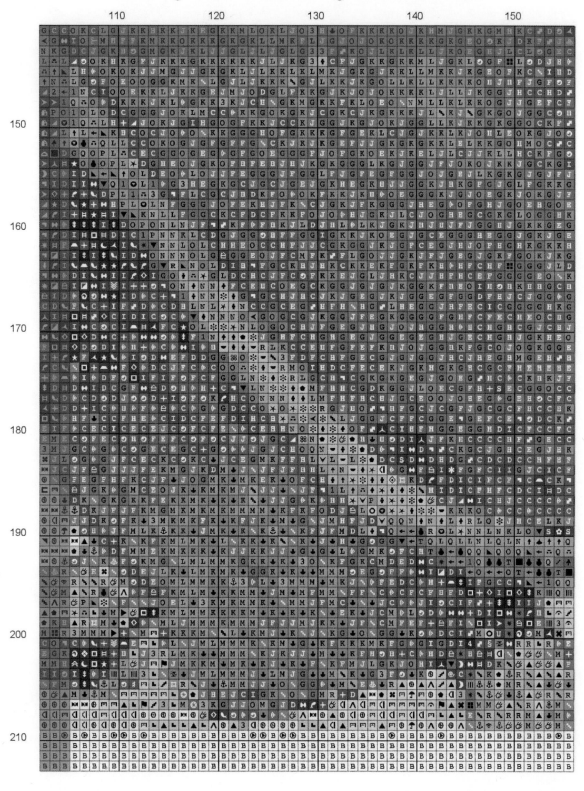

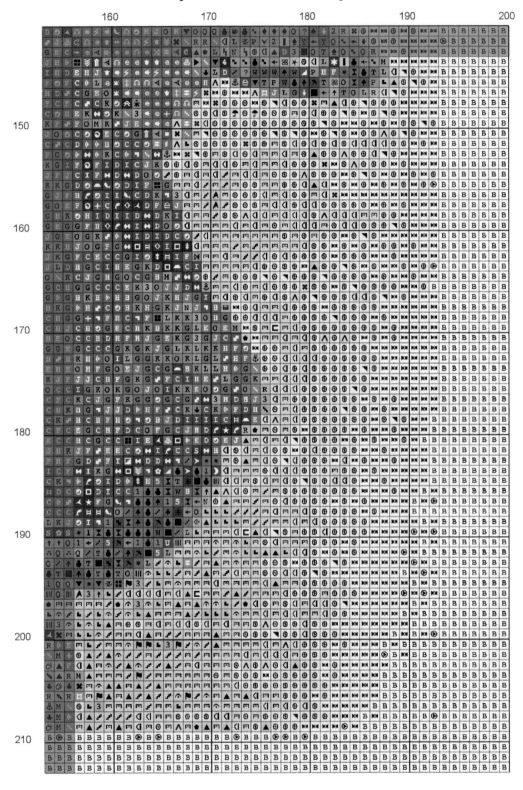

Johnny Town-Mouse by Beatrix Potter

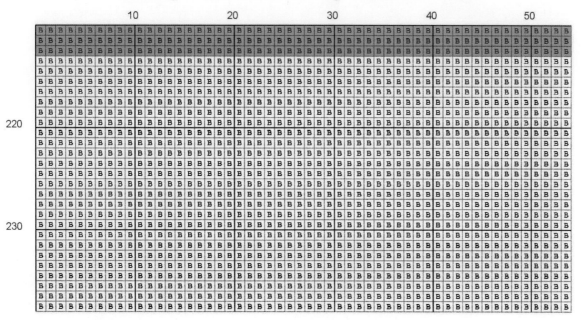

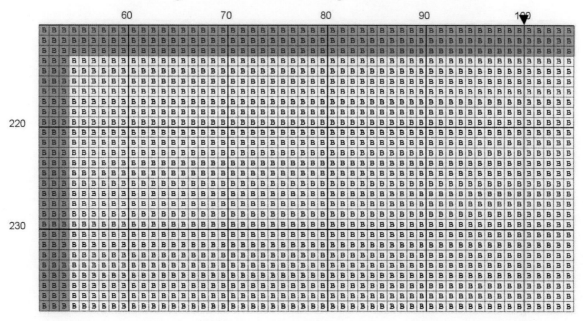

24

Johnny Town-Mouse by Beatrix Potter

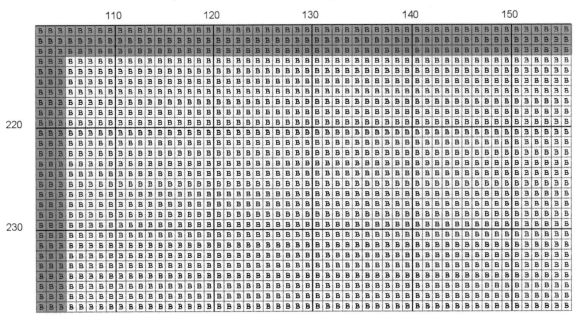

Johnny Town-Mouse by Beatrix Potter

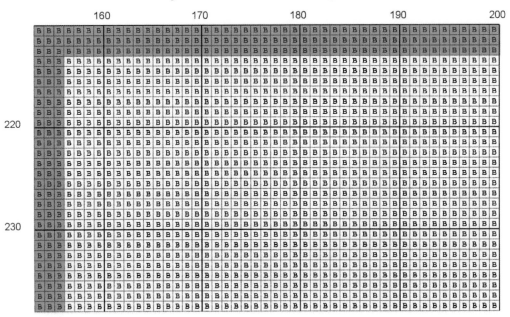

Johnny Town-Mouse by Beatrix Potter

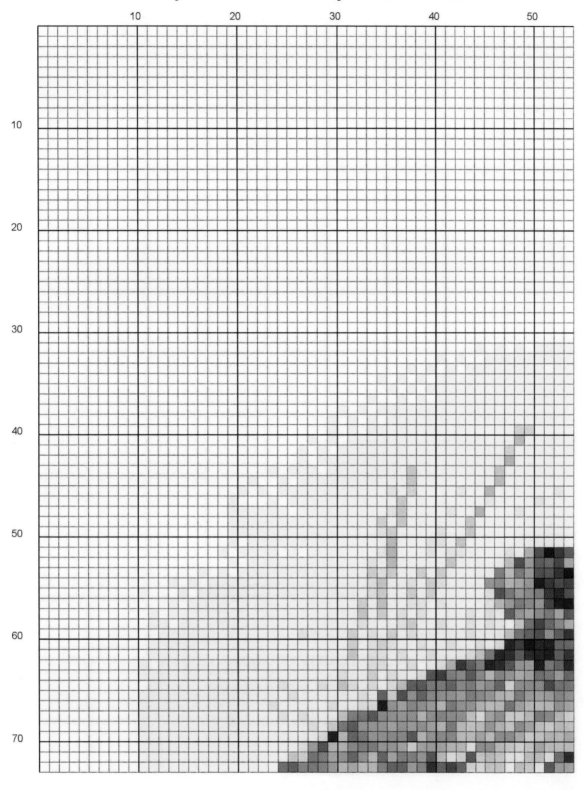

Johnny Town-Mouse by Beatrix Potter

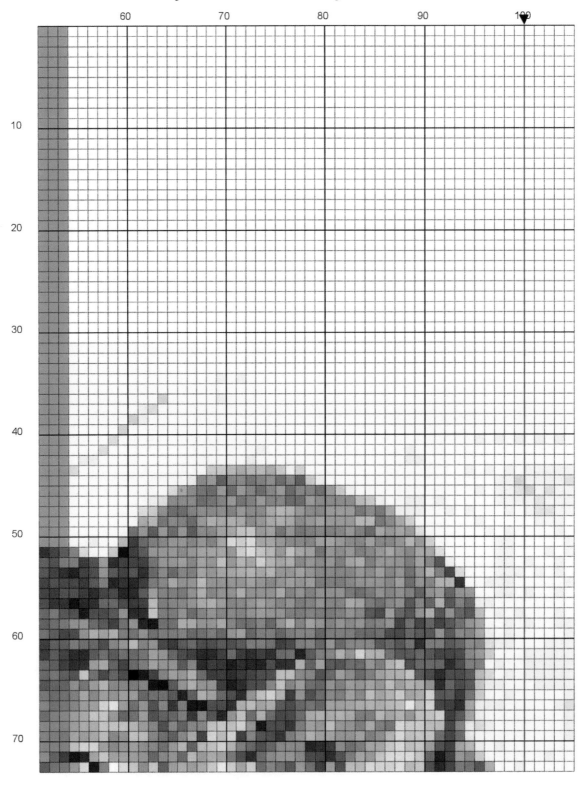

Johnny Town-Mouse by Beatrix Potter

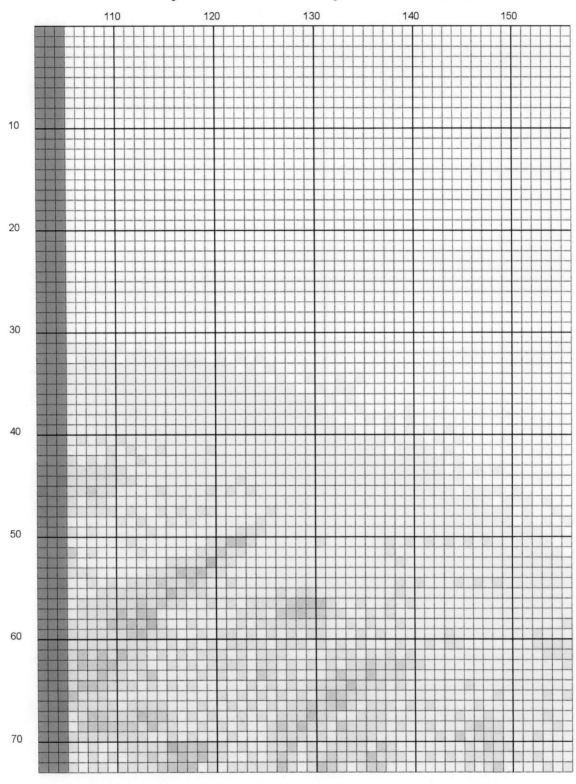

Johnny Town-Mouse by Beatrix Potter

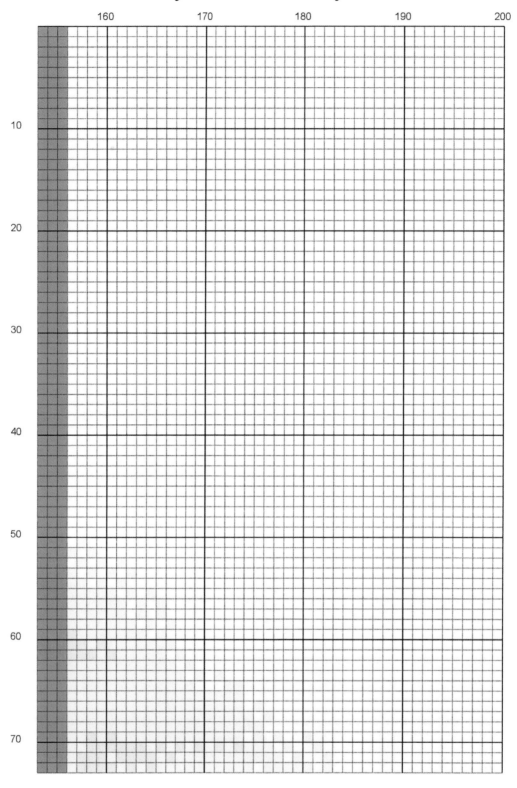

Johnny Town-Mouse by Beatrix Potter

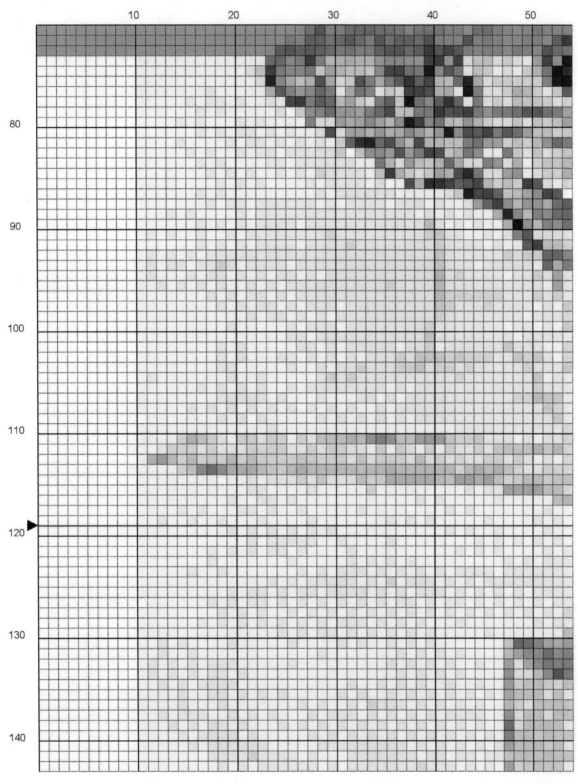

Johnny Town-Mouse by Beatrix Potter

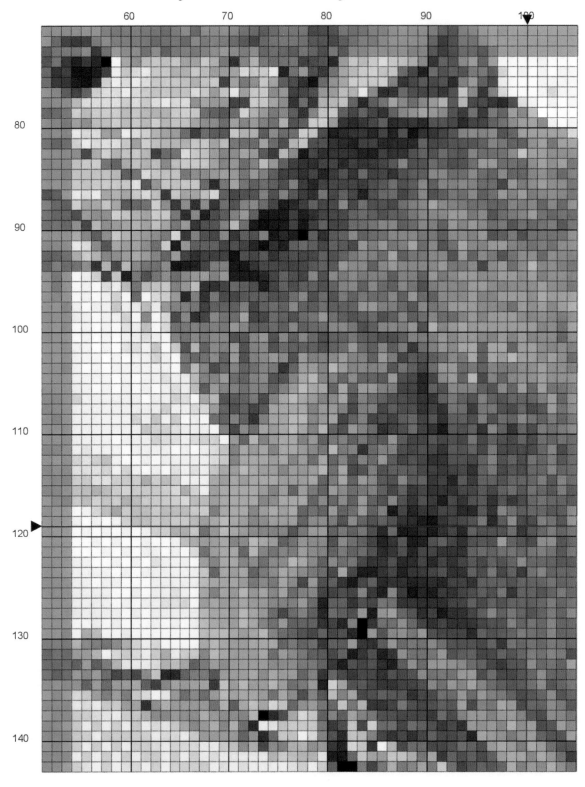

Johnny Town-Mouse by Beatrix Potter

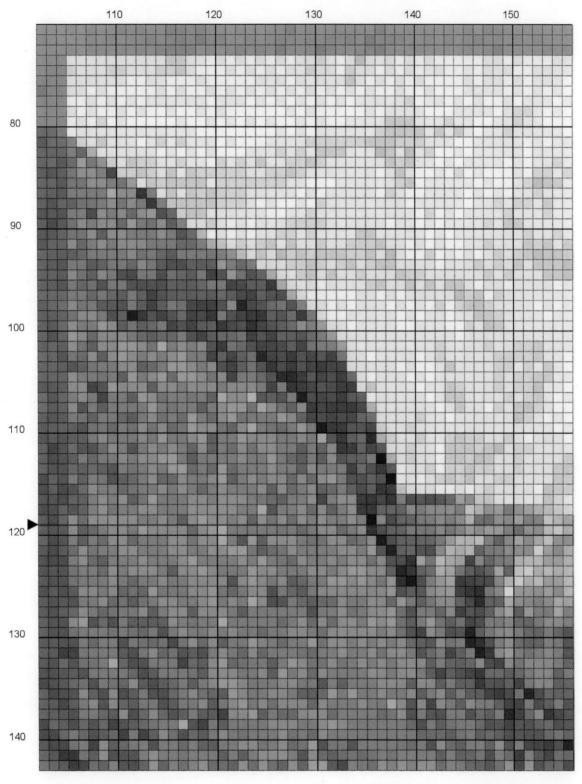

Johnny Town-Mouse by Beatrix Potter

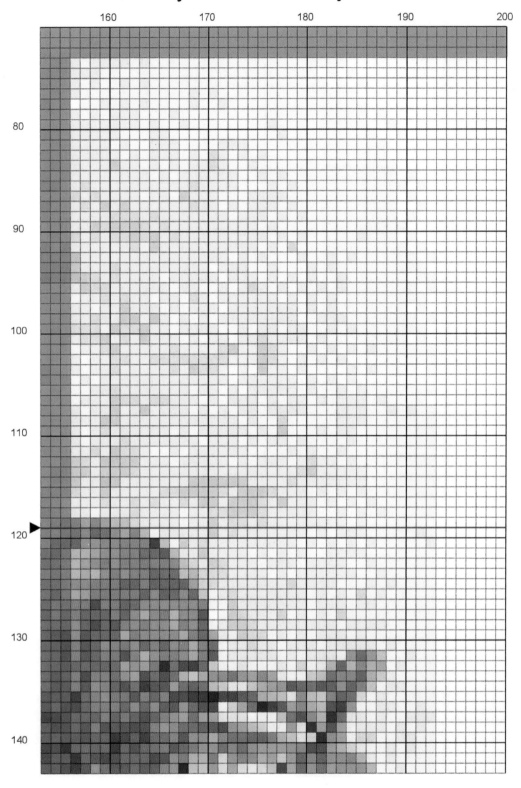

Johnny Town-Mouse by Beatrix Potter

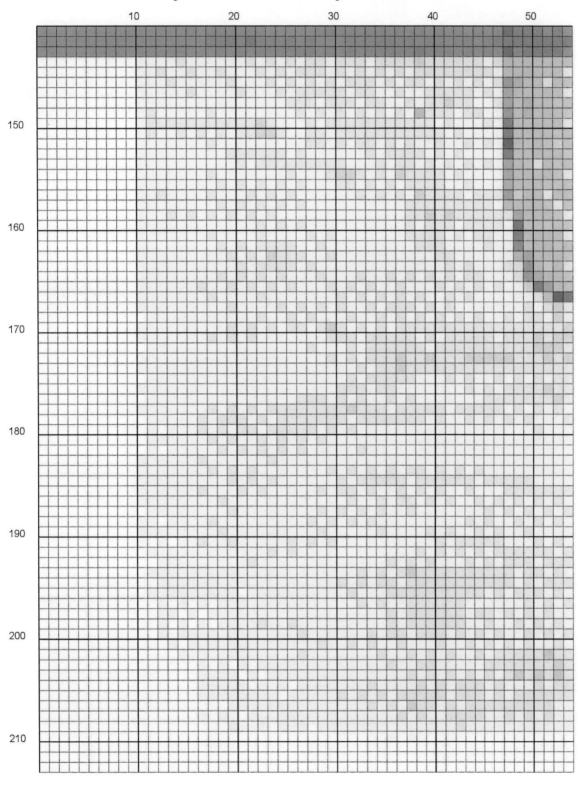

Johnny Town-Mouse by Beatrix Potter

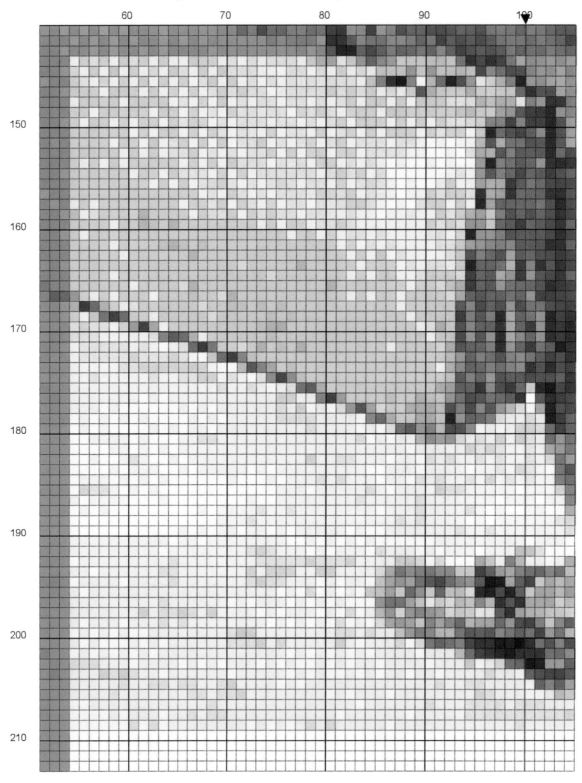

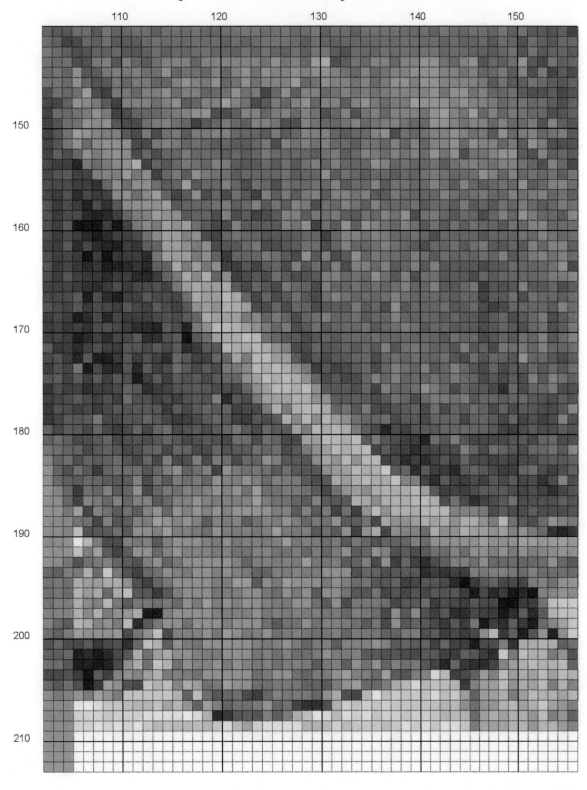

Johnny Town-Mouse by Beatrix Potter

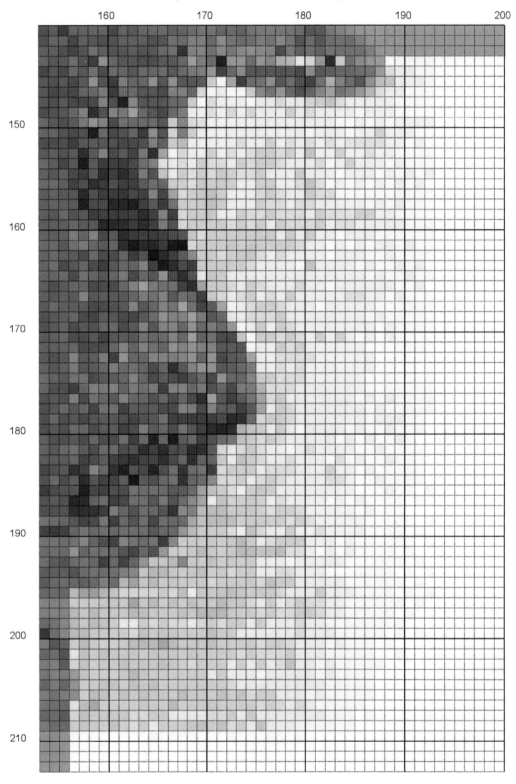

Johnny Town-Mouse by Beatrix Potter

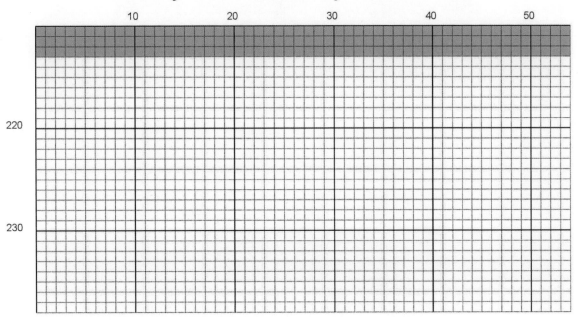

Johnny Town-Mouse by Beatrix Potter

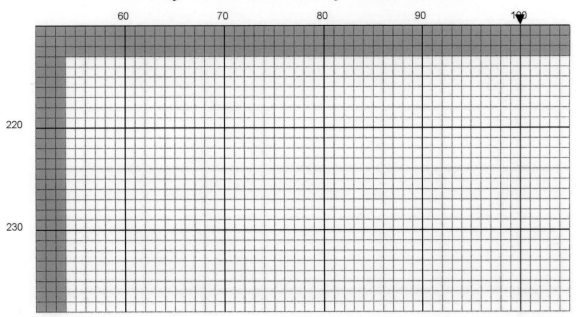

38

Johnny Town-Mouse by Beatrix Potter

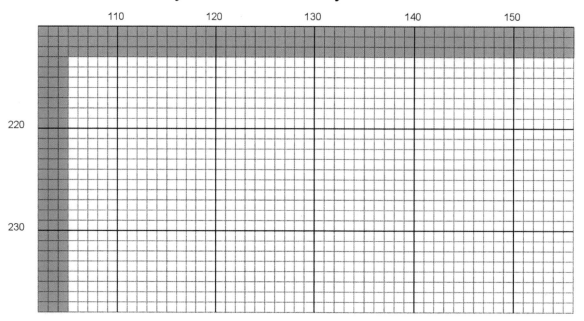

Johnny Town-Mouse by Beatrix Potter

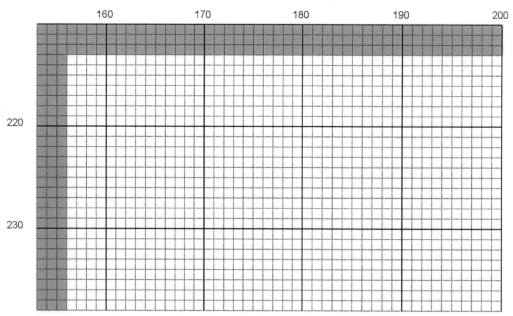

Printed in Great Britain
by Amazon

26403642R00025